GUIDE DU CHASSEUR DE FANTÔMES

centum

Comment utiliser ce guide

Tu penses vraiment être à la hauteur pour devenir un chasseur de fantômes ?

Tu penses qu'attraper des goules, arrêter des apparitions, ou venir à bout de vapeurs est un métier pour toi ?

Leçon numéro une : être un chasseur de fantômes est tout un art qui requiert une sérieuse formation. Si tu te retrouves nez à nez avec une manifestation ectoplasmique de type V sans avoir été correctement formé, gare aux interactions T3 !

En langue de chasseur de fantômes, on appelle ça « faire dans son pantalon ».

En parcourant ces pages, tu découvriras certains de nos secrets les mieux gardés pour combattre les menaces fantômes. Ce guide te servira de référence pour toutes tes missions de chasse aux fantômes à venir. Conserve-le précieusement. Entre de mauvaises mains, ce livre pourrait devenir une arme dangereuse.

Chasseuses de fantômes de renom et contributions

Membre fondatrice : Dr Erin Gilbert

Dr Erin. Gilbert est une spécialiste de la physique théorique des particules dont les recherches ont été publiées dans des revues telles que *Nature and Scientific American*. Passionnée mais dotée d'un vrai esprit pratique, Erin est déterminée à faire de la recherche paranormale et de la chasse aux fantômes deux domaines pleinement acceptés par la communauté scientifique.

Avant de fonder SOS Fantômes, Erin était sur le point d'être titularisée au sein du département de physique de l'université de Columbia. Si elle avait réussi son examen de titularisation, Erin aurait pu y travailler en tant que professeur permanent. Alors qu'elle était sur le point de passer son examen, la faculté découvrit l'existence de ses recherches sur les fantômes au Manoir Aldridge et de son travail avec les autres membres fondatrices Abby et Holtzmann. L'université ne voulant pas être connectée de quelque manière que ce soit avec ces recherches pseudoscientifiques sur la chasse aux fantômes, elle décida de renvoyer Erin sur le champ.

En se passant des services d'Erin, Columbia permettait en même temps à SOS Fantômes d'accueillir dans son équipe une personne qui allait jouer un rôle crucial dans le combat pour sauver New York de Rowan le Destructeur, un métaspectre de type VII (voir page 74).

- La fille fantôme -

Erin s'intéresse aux fantômes depuis son plus jeune âge. Enfant, Erin fit la rencontre terrifiante d'une entité de type IV :

Lorsque j'avais huit ans, la méchante vieille dame qui vivait à côté de chez nous est décédée. Cette nuit-là je me suis réveillée et elle était là, debout au pied de mon lit. Elle me dévisageait puis du sang commença à sortir de sa bouche. C'est alors qu'elle se mit à tomber doucement vers moi. Je me suis cachée sous la couette et j'ai attendu jusqu'au petit matin. Cela a duré toutes les nuits pendant une année entière.

Malheureusement, les parents d'Erin ne voulurent pas croire en l'existence de l'entité et envoyèrent leur fille suivre une thérapie. Durant des années, ses camarades d'école la taquinèrent en l'appelant sans cesse « la fille fantôme ». Heureusement, elle devint rapidement l'amie d'Abby, avec qui elle créa SOS Fantômes.

Membre fondatrice : Docteur Abigail L. Yates

Dr. Abigail L. Yates (Abby pour les amis) est elle aussi physicienne théorique des particules. Franche, autoritaire et extrêmement honnête, Abby n'a jamais recherché la gloire dans son combat contre les fantômes : son objectif est d'effectuer des recherches révolutionnaires tout en protégeant l'humanité des menaces surnaturelles.

Abby et Erin son amies et collègues depuis de nombreuses années. Les deux amies se sont rencontrées à l'école et se sont vite rapprochées grâce à leur fascination pour le paranormal, fascination qui habite Abby depuis l'âge de quatre ans. Elles ont mené ensemble des recherches très avancées au lycée, et les présentèrent à l'occasion de la foire scientifique sous le nom de « The Durable but Not Impenetrable Barrier ».

Une fois son doctorat en poche, Abby occupa une position de chercheur à l'Institut scientifique Kenneth P. Higgins pendant quelques années. C'est là qu'elle rencontra une autre chasseuse de fantômes, Jillian Holtzmann.

Erin et Abby : amies pour la vie

On peut dire que l'amitié entre les membres fondatrices Abby et Erin est le cœur-même de SOS Fantômes. Leur projet de recherche mentionné auparavant, « The Durable but Not Impenetrable Barrier » leur a permis de mettre au jour les plans de Rowan le Destructeur dont l'objectif était de libérer une nuée de fantômes partout dans le monde.

Les recherches d'Erin et Abby ne s'arrêtèrent pas au lycée. Durant leurs années universitaires, elles continuèrent leur collaboration qui donna naissance à un livre intitulé **Ghosts from Our Past: Both Literally and Figuratively: The Study of the Paranormal.**

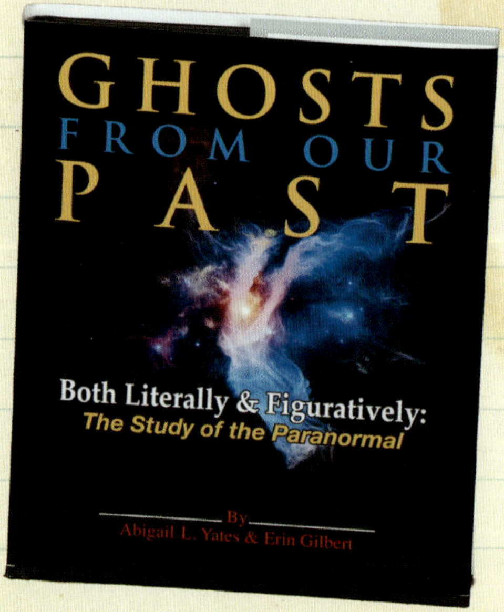

Suite à la publication de leur livre, les deux amies furent invitées à une émission de télévision de l'université du Michigan. Mais après avoir passé des années à subir les moqueries de ses camarades d'école qui la surnommaient « la fille fantôme », Erin était inquiète à l'idée de parler publiquement de ses recherches. Elle voulait qu'on la prenne au sérieux en tant que scientifique.

Erin ne se présenta donc pas pour l'émission, ce qui causa une énorme dispute entre Abby et elle, et mit à mal cette amitié longue de plusieurs années. Ce n'est qu'une fois qu'Erin réussit à passer outre ses vieux sentiments d'insécurité qu'elle put recoller les morceaux avec Abby.

Désormais, avec Holtzmann et Patty, les autres membres fondatrices, les deux amies font office de piliers pour notre organisation.

Membre fondatrice : Jillian Holtzmann

Jillian Holtzmann (elle préfère qu'on l'appelle juste Holtzmann) est ingénieure. Tout comme Erin et Abby, elle se spécialise dans la physique théorique des particules. Mais contrairement à Abby et Erin qui se concentrent sur la recherche et les faits scientifiques derrière l'art de la chasse aux fantômes, Holtzmann préfère utiliser leurs recherches pour créer des armes et des machines et ainsi combattre et contenir le paranormal.

Holtzmann a rencontré Abby peu de temps après un incident de labo à cause duquel elle passa à côté d'une offre d'emploi au sein d'une organisation de recherche nucléaire. Elle rejoignit ensuite l'équipe du labo d'Abby à l'Institut scientifique Kenneth P. Higgins.

C'était pas si méchant… Apparemment il a bougé un doigt hier !

Aux yeux de certains membres de la communauté, Holtzmann est une excentrique, mais elle reste une visionnaire et une ingénieure respectée.

Grâce à la technologie de Holtzmann, les chasseuses de fantômes ont pu avancer bien plus loin qu'elles ne s'imaginaient. Ses armes et pièges originaux ont ouvert la voie au monde « sans fantôme » (plus ou moins) que nous connaissons aujourd'hui.

Maîtriser le Tape-m'en-cinq à la perfection

Suite à leur collaboration à l'Institut scientifique Kenneth P. Higgins, Abby et Holtzmann sont devenues inséparables et ont même inventé leur propre « Tape-m'en-cinq » !

Il est crucial de créer des liens forts avec ton équipe de chasseurs de fantômes. Pour cela, rien de tel que vos propres mots de code, poignées de mains, et « Tape-m'en-cinq » pour te rapprocher de tes partenaires.

NE JAMAIS en taper cinq avec Kevin

Il a des bras déments, moitié requin, moitié alligator. Très dangereux

Utilise certaines des astuces ci-dessous pour créer votre propre « Tape-m'en-cinq » et partage-le avec tes partenaires chasseurs de fantômes.

- **L'élan** : lorsque tu prends ton élan pour un « Tape-m'en-cinq », garde un œil sur le coude de ton partenaire. Ceci pour assurer un contact maximal entre vos mains.
- **N'aie pas peur de tout faire exploser** : ajouter un coup avec le poing à une combinaison « Tape-m'en-cinq », c'est toujours une idée géniale, mais « tout faire exploser » peut donner une toute autre dimension à ton coup de poing. Pour incorporer ce mouvement, il te suffit d'écarter les doigts après le coup de poing et de faire des bruits pour imiter une grosse explosion.
- **Vieille école** : enfant, étais-tu doué(e) au jeu de mains « Dans ma maison sous terre » ? Il est l'heure de mettre tes talents à profit ! Claque dans tes mains une fois puis tape dans celles de ton partenaire, et ainsi de suite.
- **Autour du monde** : pour faire ce mouvement, lève la main, la paume vers l'extérieur pendant que ton partenaire fait la même chose et faites claquer vos mains, puis baissez vos bras en dessinant un arc et frappez vos mains.
- **À l'envers** : frappe la paume de ton partenaire, puis retourne ta main pour frapper l'autre côté de sa main.

Membre fondatrice : Patricia Tolan

Patricia Tolan (Patty pour les intimes) a rejoint SOS Fantômes après avoir travaillé dans les transports publics new-yorkais. C'est d'ailleurs là qu'elle a rencontré Rowan pour la première fois, avant de le confronter à nouveau et de le vaincre une fois devenue chasseuse de fantômes.

Patty a toujours été une férue de lecture. Elle est donc rapidement devenue un membre indispensable de l'équipe grâce à l'étendue de ses connaissances sur une variété de thèmes, y compris l'histoire de New York. Avant même de devenir chasseuse de fantômes, elle était déjà capable de reconnaître le deuxième fantôme rencontré par l'équipe de SOS Fantômes, une entité semi-ancrée de type IV baptisée « Sparky » par l'équipe. Les connaissances approfondies de Patty, associées à son style très réglementaire, permettent à l'équipe de toujours rester dans la bonne voie.

Patty a joué un rôle crucial dans le lancement de notre organisation. Elle s'est procurée le premier véhicule de SOS Fantômes, l'Ecto-1, un corbillard emprunté à son oncle qui dirige un salon funéraire. Elle a également créé les combinaisons emblématiques de SOS Fantômes en utilisant des uniformes recyclés du personnel du métro.

Le club de lecture SOS Fantômes de Patty.

L'un des aspects les plus importants et chronophages de la chasse aux fantômes consiste à s'asseoir pour... faire des recherches... mais pas forcément des recherches scientifiques. Lorsque vous enquêtez sur une entité de type III, connaître son ancienne identité vivante peut s'avérer être un élément primordial pour le vaincre (voir page 52).

C'est la raison pour laquelle Patty a mis en place un club de lecture hebdomadaire axé sur l'histoire et le paranormal. Tu peux découvrir l'histoire de bâtiments hantés, partager tes idées sur des goules célèbres, et peut-être même goûter quelques cookies faits maison par Kevin.

Après la discussion sur le livre, Patty se tient à disposition pour effectuer quelques recherches en ligne. Seuls les sources et goupes dédiés au paranormal répondant à ses standards très élevés sont réputés comme étant dignes de confiance. (Indice : L'émission *Ghost Jumpers* n'est *pas* sur sa liste.)

Mais leur générique est vraiment accrocheur !

Nous te garderons un siège à notre prochaine réunion !

Kevin : Le réceptionniste loyal de SOS Fantômes

Kevin a posé sa candidature pour devenir le réceptionniste de SOS Fantômes après l'installation de notre premier quartier général au-dessus d'un restaurant chinois. Avant l'arrivée de Kevin, SOS Fantômes n'avait qu'un vieux répondeur pour recevoir les appels... Pas vraiment idéal pour répondre à des urgences paranormales.

Kevin vit au siège de SOS Fantômes, mais cela ne veut pas dire qu'il est toujours de garde. Il ne travaille pas le mercredi, et ne répond jamais au téléphone avant dix heures du matin. Occasionnellement, il doit filer à des auditions, à des répétitions improvisées, ou à des leçons de saxophone, alors assure-toi d'être là pour répondre à la hotline de SOS Fantômes si Kevin n'est pas à son poste.

Kevin s'y connaît aussi un peu en conception web et a même créé quelques logos pour SOS Fantômes.

~~Malheureusement~~, Heureusement aucun d'entre eux n'a été choisi.

Un bref aperçu de l'histoire de notre organisation

Les débuts

Avant de fonder SOS Fantômes, Erin travaillait pour l'université de Columbia. Tout a commencé le jour où Ed Mulgrave, historien au musée Aldridge, rendit visite à Erin après avoir lu son livre et celui d'Abby, **Ghosts from Our Past: Both Literally and Figuratively: The Study of the Paranormal.** Ed avait besoin de l'aide d'Erin pour libérer le musée d'un fantôme gênant.

Malgré de nombreuses réticences, Erin s'associa avec Abby et Holtzmann pour enquêter sur le fantôme du musée, puis Abby publia une vidéo de l'enquête en ligne. La vidéo devint vite virale et Erin fut renvoyée de son poste à Columbia.

À l'époque, Abby et Holtzmann souhaitaient plus que tout que Erin réalise à quel point l'Institut scientifique Kenneth P. Higgins était plus ouvert d'esprit que Columbia concernant les recherches sur le pananormal. Mais quand elles discutèrent avec le doyen sur la possibilité d'une subvention plus conséquente, il admit qu'il avait en réalité complètement oublié l'existence de leur département. Il décida alors de supprimer toutes leurs subventions et de fermer le département de recherche sur le paranormal une bonne fois pour toutes.

Le groupe se mit alors en quête d'un nouvel endroit où elles pourraient « explorer l'inconnu » et continuer leurs recherches sans qu'on leur mette des bâtons dans les roues.

Premier quartier général des SOS Fantômes

N'ayant nulle part où mener leurs recherches, Erin, Abby et Holtzmann décidèrent alors de vider entièrement leur labo à l'Institut scientifique Kenneth P. Higgins et de contacter un agent immobilier pour les aider à trouver un nouveau quartier général. Ce dernier leur présenta alors quelques propriétés mais qui étaient au-dessus de leur budget, et finalement elles s'installèrent dans un endroit situé juste au-dessus du restaurant chinois préféré d'Abby.

Avant que SOS Fantômes ne s'y installe, cet endroit servait de salle à manger supplémentaire au restaurant chinois. La pièce était donc pleine de chaises, de tables et de cabines. Autant dire que ce n'était pas vraiment idéal pour y installer un laboratoire. Mais il en fallait plus pour décourager les chasseuses de fantômes. Une fois leur équipement installé sur les tables pour y effectuer leurs recherches, il ne restait plus qu'à se servir des cabines comme de minuscules salles de conférence.

Sans oublier que le restaurant chinois préféré d'Abby était juste en dessous : impossible de tomber en panne de carburant pour nourrir leurs cerveaux et ainsi continuer à travailler.

mais PAS assez de wontons !

Le logo de SOS Fantômes

Dans les premiers temps, Kevin réfléchit à plusieurs idées de logos qu'il proposa à l'équipe de SOS Fantômes, y compris celle d'un fantôme féminin de dessin animé, et d'un hotdog en train de flotter au-dessus d'une maison.

Malheureusement, le groupe décida que ces idées n'étaient pas tout à fait ce qu'il fallait à leur jeune entreprise.

n'avaient rien à voir avec la chasse aux fantômes..

Elles voulaient une image qui soit sérieuse mais non austère, joviale mais non ridicule.

Alors que l'équipe travaillait sur une affaire, elles croisèrent le chemin d'un artiste de graffiti qui fréquentait la station de métro où travaillait Patty. Alors qu'elles lui avaient juste demandé de décrire un fantôme qu'il avait rencontré, il se mit à dessiner au spray un fantôme sur le mur de la station de métro, et ce malgré les protestations de Patty.

Patty lui demanda d'effacer le fantôme, mais au lieu de cela, l'artiste rajouta un sens interdit par-dessus. Patty s'empara de la bombe de peinture de l'artiste avant de le chasser, mais Holtzmann trouva que le dessin avait du potentiel. Elle le prit donc en photo avant de quitter les lieux.

Ce dessin est devenu par la suite le logo officiel de SOS Fantômes !

Le nom de SOS Fantômes

Cela peut vous paraître surprenant, mais au tout début, SOS Fantômes était connu sous un autre nom. Au cours de nos premières enquêtes, on nous appelait les Conductrices d'Examination Métaphysique. Ce nom était un peu trop long et difficile à retenir pour Kevin (et pour le reste de la population).

Puis vint l'affaire Sparky, le fantôme de la station de métro. Une vidéo de l'enquête menée par l'équipe fut diffusée sur une chaîne d'information locale. Alors qu'elle interrogeait Martin Heiss, un personnage célèbre pour sa capacité à démonter toutes les manifestations paranormales, une journaliste nous attribua un nom qui devint ensuite le nôtre :

« Une équipe locale d'enquêtrices du paranormal a publié une vidéo dans laquelle apparaît un soi-disant fantôme... Alors, que pensez-vous de ces **Chasseuses de fantômes** ? »

Malgré les protestations d'Erin qui pensait que c'était un nom niais, aussi ridicule que la série télé *Ghost Jumpers*, et bien qu'elle nous ait fait clairement savoir qu'elle ne l'aimait pas du tout, ce nom finit par nous coller à la peau et les chasseuses de fantômes que nous étions sommes devenus « SOS Fantômes ».

Parlons affaires : Les protocoles, procédures et précautions de SOS Fantômes

Un look unique : Uniformes

Comme déjà expliqué, les uniformes SOS Fantômes ont été créés par Patty, à partir d'anciens uniformes recyclés du personnel du métro. Ils sont conçus pour protéger les chasseurs de fantômes de l'ectoplasme (voir page 48).

Concernant votre uniforme, suivez ces quelques règles simples :

- Le port de l'uniforme est indispensable pendant les enquêtes au cours desquelles le contact avec un fantôme est possible.
- La fermeture de la combinaison réglementaire SOS Fantômes doit être remontée jusqu'au cou. Les bandes réfléchissantes assurent une bonne visibilité dans des environnements obscurs, et les poches permettent de recueillir des preuves et de transporter des équipements supplémentaires, comme par exemple les détecteurs PKE (voir page 44).
- Les bottes réglementaires pour chasseurs de fantômes doivent constamment être portées. Le bas de la combinaison doit être rentré dans les bottes.
- Veuillez éviter de retrousser vos manches car vous risqueriez de rentrer en contact avec l'ectoplasme. Les effets à long-terme d'une exposition à l'ectoplasme ne sont pour le moment pas connus.* Assurez-vous de porter vos gants réglementaires. (veuillez noter que vos manches ne doivent pas être insérées dans vos gants). Ouais. ça ferait ridicule.
- En plus de votre uniforme, vous serez équipé d'un pack de protons. Les packs de protons se portent sur le dos et s'attachent autour de la taille. (voir page 39 pour en savoir plus sur la technologie et l'utilisation des packs de protons)

*Plusieurs théories ont été avancées par Erin et Abby concernant l'exposition à l'ectoplasme, mais de plus amples recherches doivent être effectuées. Les chasseurs de fantômes seront tenus au courant de toute nouvelle information.

Se déplacer :
Les véhicules de SOS Fantômes

Aucune chasse aux fantômes ne serait complète sans une petite promenade à bord de l'Ecto-1, la principale voiture de fonction de SOS Fantômes. Ou sur l'Ecto-2, notre moto super cool et toujours prête à partir en mission.

Ecto-1

Patty s'est procurée ce corbillard remis à neuf grâce à son oncle qui dirige un salon funéraire. Holtzmann y a ensuite mis sa touche personnelle en l'équipant des dernières technologies en matière de chasse aux fantômes.

Son intérieur spacieux peut accueillir une équipe de chasseuses de fantômes au grand complet, ainsi que tout leur équipement et quelques pièges et armes supplémentaires.

Les batteries et équipements supplémentaires sont stockés sur le toit de la voiture. Assurez-vous de bien les attacher avant de sortir du garage.

Lors de missions officielles, il est vivement conseillé aux chasseurs de fantômes de faire un usage modéré des gyrophares et des sirènes, et de les utiliser uniquement en cas de vraies urgences paranormales. S'il est nécessaire de dégager la rue, l'Ecto-1 est également équipé d'un haut-parleur activable depuis l'intérieur du véhicule.

Ecto-2

Pour des missions de plus petite envergure, les chasseurs de fantômes peuvent utiliser l'Ecto-2, une vieille moto équipée par Kevin. Il n'y a pas beaucoup d'espace de rangement sur l'Ecto-2, c'est donc une chose à garder à l'esprit avant de choisir quel véhicule est le mieux adapté à vos besoins.

Mesures de sécurité du laboratoire

Bien entendu, être un chasseur de fantômes ne signifie pas seulement agir sur le terrain. Il faut également faire beaucoup de recherches, alors soyez prêt à passer de longues nuits dans le labo.

Comme la membre fondatrice Holtzmann aime le rappeler, « Pour faire simple, disons que tout dans ce labo est potentiellement dangereux ». Gardez toujours cela à l'esprit avant d'entrer dans le laboratoire.

Ci-dessous, vous trouverez d'autres règles importantes à suivre :

- Une grande partie de l'équipement que vous verrez dans le labo est soit en cours de développement ou de réparation. Il se peut donc qu'il soit instable et ne doit en aucun cas être touché sans la permission expresse de Holtzmann.
- Il se peut que Holtzmann vous demande de prendre part à une expérience. Dans ce cas, veuillez ~~suivre soigneusement ses instructions~~ pour garantir votre sécurité. vous enfuir à toute vitesse
- Assurez-vous de toujours porter une tenue de laboratoire adéquate : lunettes de protection, gants, chaussures fermées aux orteils, et pantalon. Si vous avez des cheveux longs, attachez-les.
- Les extincteurs se situent sur les murs nord et sud du labo. Holtzmann écoute souvent de la musique en travaillant. Assurez-vous donc d'éteindre tout incendie dans le labo dès que vous en apercevez un car il se peut qu'elle ne s'en soit même pas rendue compte.

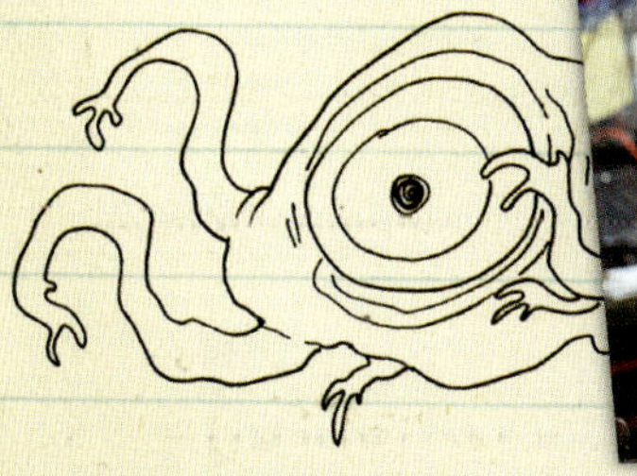

Évolution du pack de protons

Caisson à protons

Développé par Holtzmann après que les chasseuses de fantômes aient quitté l'Institut scientifique Kenneth P. Higgins. Le caisson était toujours en phase de développement lorsque SOS Fantômes dut s'en servir pour la première fois lors de leur rencontre avec Sparky, l'entité de type IV de la station de métro de Seward Street. La machine étant assez volumineuse et encombrante, un chariot était nécessaire pour la transporter jusqu'à la station.

Le caisson était équipé de la toute première version connue de la baguette à protons. La baguette à protons tire une effluve de protons qui immobilise les fantômes. Comme le caisson n'était pas encore tout à fait perfectionné, il ne réussit à émettre qu'une faible effluve de protons capable seulement d'immobiliser des fantômes à proximité immédiate (disons à environ 60 cm du caisson).

Le caisson à protons fut détruit dès sa première utilisation sur le terrain, écrasé par un wagon de métro.

Pack de protons

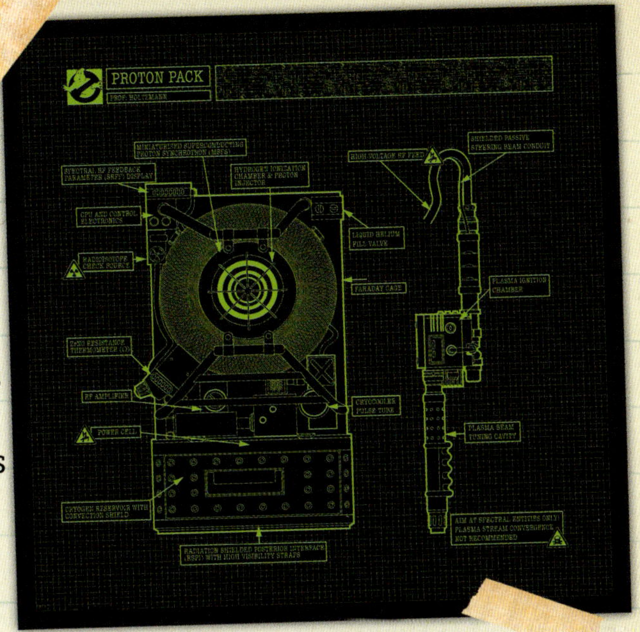

Holtzmann se servit ensuite de ce qu'elle avait appris en utilisant le caisson à protons sur le terrain pour y apporter plusieurs modifications. La première modification consista à réduire la taille de la machine, afin que le nouveau pack à protons puisse être porté en toute sécurité. Le fait de pouvoir porter le dispositif comme un sac à dos offre également au porteur un maximum de flexibilité lors de rencontres paranormales.

Hotlzmann boosta également la puissance de l'effluve de protons et augmenta la portée de la baguette à protons à l'aide d'accélérateurs laser diélectriques micro-fabriqués capables d'accélérer la vitesse des particules avant qu'elles n'entrent dans l'appareil. En gros, les chasseuses de fantômes pouvaient désormais immobiliser les fantômes depuis une plus grande distance !

Ça c'est pas inclus dans le contrôle, n'est-ce-pas ?

Piège à fantôme

Avant de quitter l'Institut scientifique Kenneth P. Higgins, Abby et Holtzmann avaient mis au point un laser aspirant qui venait compléter le rayon-tracteur inversé mentionné par Erin et Abby dans leur premier livre. Grâce à cette invention, SOS Fantômes ont pu concevoir un piège capable d'aspirer des fantômes dès lors qu'ils sont à distance d'aspiration.

Le piège en lui-même consiste en des plaques capables de refléter les spectres ainsi que des portes renforcées pour empêcher les fantômes de s'échapper une fois attrapés à l'intérieur. Un indicateur de présence situé près de la poignée du piège vous signale si vous avez attrapé un fantôme. Le voyant passe du rouge au vert une fois qu'un fantôme est coincé à l'intérieur.

IMPORTANT : Le piège doit être exclusivement porté par la poignée, certaines de ses pièces étant radioactives.

Traduction : interdiction d'embrasser le piège, Erin

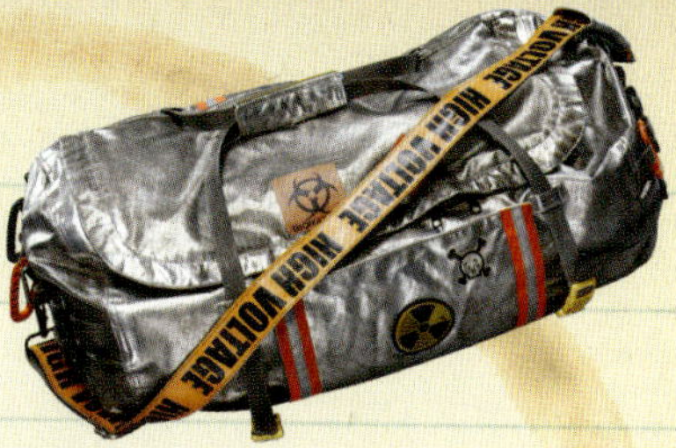

Arsenal supplémentaire

Une fois que le piège à fantômes eut fait ses preuves, Holtzmann améliora la puissance et la précision des packs à protons. Elle ajouta également quelques accessoires bonus pour combattre plusieurs fantômes en même temps.

Tout d'abord les grenades à protons, que Patty affectionne tout particulièrement. Ces dernières libèrent une explosion de protons capable d'éliminer plusieurs fantômes d'un seul coup : idéal si vous êtes encerclé par un groupe de fantômes.

Holtzmann a également développé une série de pistolets à protons plus petits. Plutôt que d'immobiliser des fantômes, ces petits pistolets peuvent rapidement détruire une apparition. Idéal pour une utilisation sur des entités plus petites et plus faibles.

- Croiser les effluves -

Cela peut devenir nécessaire lors d'une mission de groupe où vous devez utiliser plusieurs effluves de protons pour vous débarrasser d'une entité. C'est le cas par exemple si votre cible dégage trop d'énergie pour être piégée avec une seule effluve. Dans ce cas, vous devrez combiner vos effluves de protons avec celles des autres chasseurs de fantômes pour venir à bout de l'apparition.

Si cette situation se présente, faites particulièrement attention. En croisant accidentellement les effluves de protons, vous risquez de causer une contre-réaction : le rayon se retournera vers vous, et tous les atomes de votre corps exploseront simultanément.

La SEULE situation dans laquelle vous devriez croiser intentionnellement des effluves est lors de la fermeture d'un portail à fantômes. Un portail à fantômes dégage de l'énergie, le seul moyen de le fermer est donc d'y faire rebondir de l'énergie. Si vous avez besoin davantage d'énergie, nous vous conseillons de faire usage d'une explosion d'électrons à forte concentration pour finir le travail. Vous pourrez trouver des réservoirs à charge négative supplémentaires sur le toit de l'Ecto-1.

Autres outils pour la chasse aux fantômes

Talkies-walkies

Les talkies-walkies réglementaires doivent être emportés à chaque mission, étant nécessaires pour une bonne communication entre les membres de l'équipe.

Détecteur PKE

PKE signifie « énergie psychokinétique ». La fonction d'un détecteur PKE est de détecter une énergie dégagée par un fantôme pour ainsi vous guider vers les zones où cette énergie est particulièrement dense. Lorsqu'un fantôme est proche, l'antenne du détecteur PKE se met à tourner, et ce de plus en plus rapidement à mesure que vous vous rapprochez du fantôme. Souvenez-vous de faire très attention en vous approchant de l'entité car elle pourrait être malveillante.

Remarque : le détecteur PKE est assez petit. Vous pouvez donc le conserver dans l'une des plus grandes poches de votre combinaison.

Dispositifs d'enregistrement

Prenez toujours plusieurs dispositifs d'enregistrement vidéo et audio avec vous lorsque vous partez sur le terrain. Pourquoi plusieurs ? Si vous entendez un bruit anormal, peut-être même venu d'un autre monde, vous pouvez vous servir des enregistrements pour trianguler la source.

Même si vous ne trouvez aucun fantôme, vous serez au moins en mesure d'écarter toutes les autres sources potentielles de bruit. C'est grâce à cet ensemble de bonnes pratiques que notre organisation continue de s'appuyer sur des faits scientifiques et écarte rapidement les vrais cas de présence spectrale des simples simulations.

Terminologie

Signes d'activité paranormale

Lorsque vous essayez de déterminer s'il s'agit d'un vrai cas de présence spectrale ou juste d'un canular, gardez toujours à l'esprit le mot PEACE :

- **P**KE : gardez toujours votre détecteur PKE à portée de main. Une augmentation soudaine du niveau d'énergie peut signifier que vous êtes proche d'une entité.
- **E**ctoplasme : la présence de ce résidu gélatineux sur les murs, les plafonds et les sols est un bon indicateur du passage d'une apparition.
(Voir page 48 pour en savoir plus.)
- **A**P-xH : tu sais si quelque chose vient de bouger si tes oreilles se débouchent.
- **C**hute de température : une baisse de la température indique généralement qu'un esprit est proche car ce dernier puise son énergie dans l'air et refroidit donc la pièce.
- **E**VP : prenez soin de vérifier vos dispositifs d'enregistrement dès votre retour au quartier général. Un EVP, ou phénomène vocal électronique, peut se manifester sur vos enregistrements. Ces sons peuvent être interprétés comme des messages de l'autre monde.

Ectoplasme

Peut-être que l'ectoplasme est la preuve la plus significative de l'existence d'entités venues d'un autre monde. L'ectoplasme est une substance gluante, plus ou moins verdâtre, que les entités paranormales ont tendance à vomir ou projeter lors de leurs interactions avec notre monde.

En tant que chasseur de fantômes, l'ectoplasme est un élément très courant que vous rencontrerez fréquemment. Bien que cette substance ne fasse aucun mal aux êtres humains, au moins sur le court-terme, la plupart des chasseurs de fantômes préfèrent l'éviter autant que possible. Veuillez noter que les conséquences à long-terme de l'ectoplasme (s'il y en a) sont encore inconnues.

L'ectoplasme est communément appelé « bave de fantôme », expression qui a ensuite dérivé sur le mot familier « englué », un verbe qui signifie « se faire cracher de l'ectoplasme dessus. » Le terme technique pour « englué » est « ectoprojeté », et c'est donc le terme à utiliser dans vos rapports.

Les sept types de **fantômes**

La première chose à faire lorsque vous menez une enquête paranormale est d'identifier votre entité aussi vite que possible. S'appuyant sur leurs recherches, Abby et Erin ont mis au point un système de classification des fantômes, que vous trouverez dans les pages suivantes, et qui s'avère indispensable pour notre réussite.

Type I

Ces formes non-développées sont communément appelées « vapeurs », ceci parce qu'il est difficile de les distinguer car elles n'adoptent pas de forme définie. (Veuillez noter néanmoins que le terme « vapeur » peut être également utilisé pour décrire d'autres types).

Il peut s'agir de lumières spectrales, de voix désincarnées, de brumes ectoplasmiques... Elles ne peuvent pas interagir avec des objets physiques.

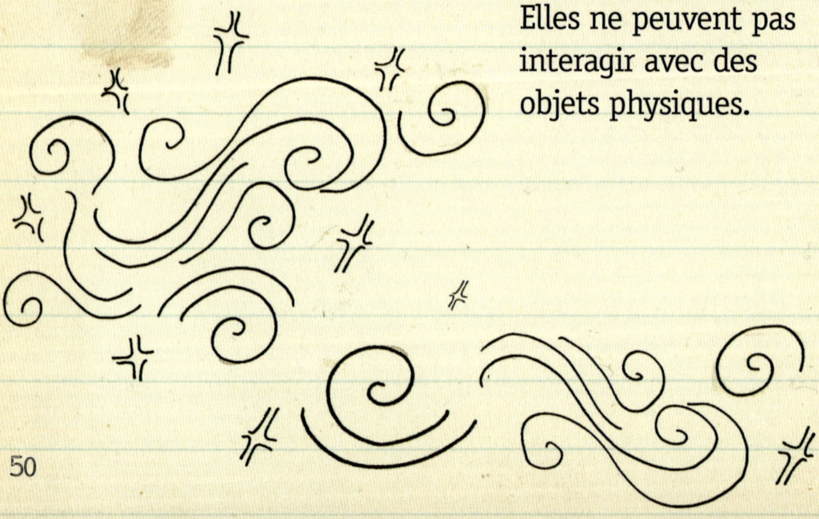

Type II

Les fantômes de type II adoptent une forme incomplète, comme une main fantomatique ou un torse démembré.

Les fantômes de ce type peuvent manipuler des objets physiques (les jeter, pousser, attraper...) alors restez prudent si vous souhaitez établir un contact.

Type III

Cette catégorie regroupe les apparitions adoptant une forme humaine distincte, mais dont l'identité reste inconnue. Les fantômes de type III sont particulièrement difficiles à combattre car ils sont capables de bien se défendre contre les attaques.

Type IV

Lorsque l'identité d'un fantôme de type III est établie, il passe alors dans le type IV. En règle générale, il devient plus aisé de faire face à un tel fantôme grâce aux recherches effectuées sur son ancienne vie. Dans certains cas, les tentatives de prise de contact avec l'entité se sont avérées être efficaces.

Type V

Les fantômes de type V sont des manifestations ectoplasmiques de forme définie mais non humaine. Selon la théorie d'Erin et Abby, les entités de type V seraient en fait nées à la suite d'événements chargés en émotions, ce qui expliquerait les formes parfois terrifiantes qu'elles prennent. Il peut s'avérer compliqué de venir à bout des fantômes de ce type, et l'intervention d'une équipe est généralement nécessaire.

Type VI

Ce type est réservé aux fantômes de formes de vie non humaines, comme par exemple des animaux. Quelques instants avant le combat contre Rowan le Destructeur, un ours polaire spectral appartenant à ce type a été aperçu aux alentours de Park Avenue. De la même manière que pour les fantômes de type V, il peut s'avérer extrêmement difficile de faire face à des fantômes non humains. Toutefois, des recherches concernant leur habitat et leurs ennemis naturels peuvent être utiles pour éliminer ces esprits.

Type VII

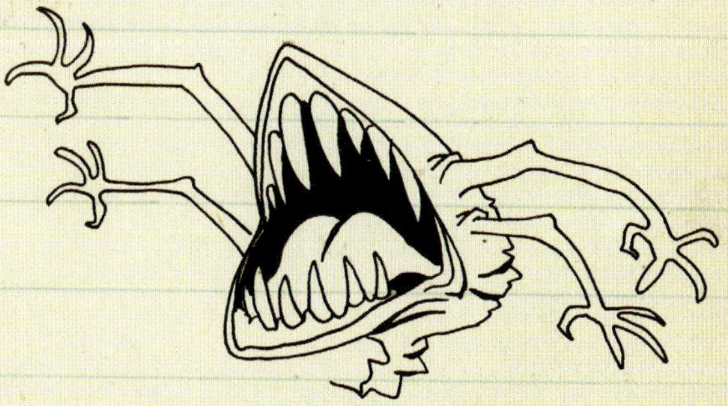

Sans l'ombre d'un doute, ces entités sont les plus dangereuses de toutes. Ces êtres puissants et malveillants sont généralement appelés « métaspectres » ou plus communément « démons ». Non seulement ces apparitions possèdent une incroyable force, mais elles sont également capables de contrôler d'autres formes, qu'elles soient vivantes ou non. Il est extrêmement difficile de neutraliser de telles forces étant donné que ces êtres n'entrent pas dans le cadre des procédures habituelles de chasse aux fantômes. Si possible, il vaut mieux tout simplement empêcher ces esprits de pénétrer dans le royaume physique.

Évaluer les interactions fantomatiques

Lorsque vous enquêtez sur des apparitions, il est extrêmement important de sonder la zone où a eu lieu l'apparition et d'interroger les témoins. S'il n'existe aucun témoin, il peut toujours être utile de parler aux « témoins secondaires » : les voisins, les employés du service public, et toutes les personnes qui pourraient avoir interagi indirectement avec la scène.

Lors de ces conversations, il est utile d'avoir une échelle de références sur laquelle se baser pour évaluer une interaction fantomatique. En voici donc une :

- **T1** : les témoins disent avoir vu une apparition mais aucun contact n'a eu lieu.
- **T2** : l'entité a interagi avec des êtres humains. À partir de ce niveau d'interaction, on peut trouver des traces d'ectosplasme sur le site de l'apparition.
- **T3** : l'apparition a pu, de quelque manière que ce soit, faire très peur à un être humain. Les témoins parlent de cauchemars et de paranoïa à la suite d'une interaction de type 3.
- **T4** : le fantôme veut faire du mal aux êtres humains et peut avoir lancé un objet, démarré un incendie, fait tomber quelqu'un, etc.
- **T5** : l'entité est malveillante. Elle a blessé et /ou possédé un être humain. Les fantômes à l'origine d'interactions T5 sont extrêmement puissants et doivent être abordés très prudemment.

Affaires célèbres

The Durable but Not Impenetrable Barrier!

Chez SOS Fantômes, nous avons une grande mission : **protéger la barrière.**

Mais qu'est-ce que la barrière exactement ?

Alors qu'elles n'étaient encore que deux adolescentes, Erin et Abby ont effectué des recherches sur le paranormal et présenté un projet intitulé « The Durable but Not Impenetrable Barrier » à l'occasion de la foire scientifique de leur école. Et pour que leur présentation soit encore plus épique, rien de tel que d'y ajouter un peu de rap :

« La barrière empêche les fantômes de passer. C'est la seule ligne de défense dans le portail entre le monde des vivants et celui des morts. »

Bien que la barrière arrive à protéger notre monde de la grande majorité des menaces paranormales, certaines entités arrivent malgré tout à la traverser. Et c'est là que nous devons intervenir pour les arrêter.

Au début de ce guide, nous vous avons prévenus qu'un livre peut devenir une arme terrible. Erin et Abby le savent mieux que quiconque. Rowan le Destructeur, l'un des plus redoutables ennemis de SOS Fantômes, a lu le livre d'Abby et Erin, **Ghosts from Our Past**. Il s'est servi des conclusions de leurs recherches pour créer une machine capable de faire apparaître un trou dans la barrière séparant notre monde de celui des fantômes, et de libérer ainsi une tempête de fantômes sur l'humanité.

Erin découvrit un exemplaire de son livre dans le repaire de Rowan sous l'hôtel Mercado et le ramena chez elle. En tournant les pages, Erin y trouva des notes gribouillées par Rowan dans la marge : des choses comme « attirer le paranormal » et « le premier cataclysme ».

Mais ce n'était rien à côté d'un dessin terrifiant réalisé par Rowan sur les pages vierges à la fin du livre : une esquisse de la ville de New York anéantie par les fantômes. Au centre du dessin, l'immense visage de Rowan... À côté du croquis on pouvait lire :

Mais comment Rowan a-t-il pu utiliser le livre d'Erin et Abby à des fins si maléfiques ?

– Lignes énergétiques –

Rowan a commencé par l'étude des lignes énergétiques de New York. Les lignes énergétiques constituent un réseau caché de lignes d'énergie qui parcourent la Terre, comme des courants d'énergie super-naturelle. Dans ses notes prises sur le terrain, Erin explique :

« En étudiant la position des sites sacrés ainsi que les lieux où se sont déroulés des événements étranges dans le monde, on peut normalement tracer une ligne entre eux. Lorsque ces lignes se croisent, cela donne naissance à un point exceptionnellement puissant »

Des années durant, Erin refusa de croire en cette théorie des lignes énergétiques. D'après elle, les lignes étaient bien trop aléatoires car il était difficile de définir clairement la nature d'un site sacré ou d'un événement étrange.

Mais lorsque le nombre d'apparitions de fantômes explosa subitement à New York, Erin commença à les répertorier sur une carte et à les relier avec des lignes. Ces lignes correspondaient exactement à celles apparaissant sur une ancienne carte de lignes énergétiques de la ville. C'est ainsi que l'équipe a su déterminer que le plan de Rowan consistait à charger les lignes énergétiques afin de briser la barrière à fantômes. Regardons de plus près certains des fantômes qui ont réussi à s'introduire dans notre monde.

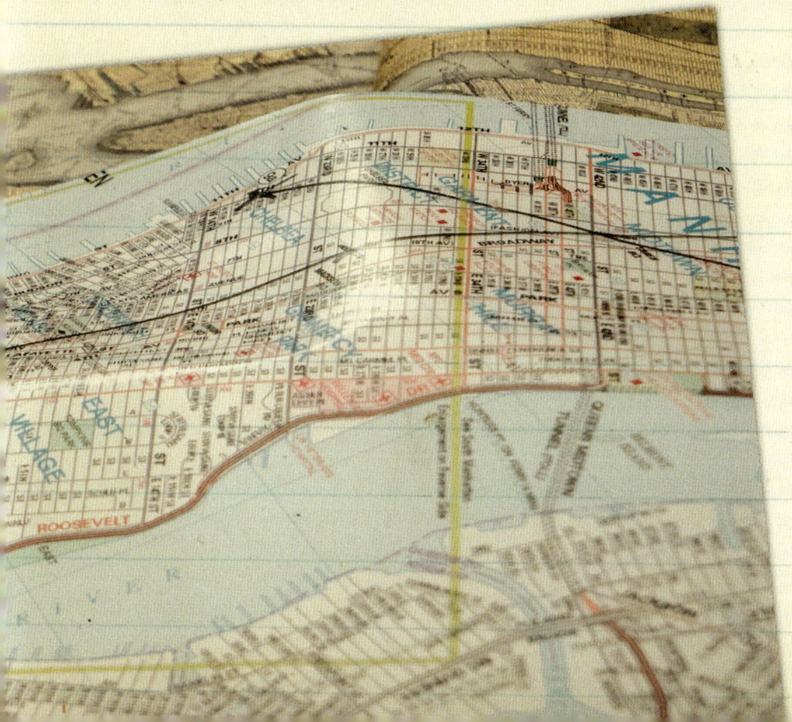

Les appareils de Rowan

Pour charger les lignes énergétiques, Rowan devait d'abord attirer certains esprits vers des lieux précis. Il fallait absolument que les fantômes apparaissent exactement sur les lignes énergétiques pour que celles-ci soient chargées. Les quatre premières affaires sur lesquelles durent travailler SOS Fantômes faisaient toutes partie de la stratégie de Rowan.

Patty fut la première à rencontrer Rowan. Avant même de rejoindre l'équipe de SOS Fantômes, Patty l'avait déjà rencontré à la station de métro de Seward Street, là où elle travaillait. Rowan y avait planté un appareil émettant des étincelles et des bourdonnements, tout près des voies de métro. L'appareil brûla rapidement et les chasseuses de fantômes ne retrouvèrent que les restes.

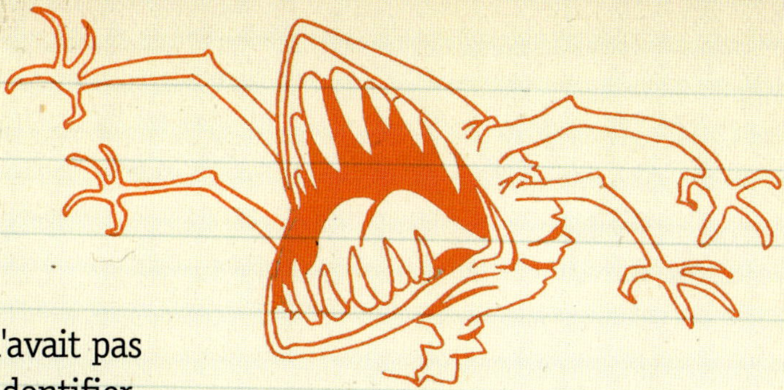

L'équipe n'avait pas vraiment su identifier la nature de l'appareil, jusqu'à ce qu'elle en trouve un autre en bon état au théâtre Stonebrook. Il s'agissait en réalité d'un appareil doté d'un système d'hyper-ionisation, capable de supercharger les fantômes pour qu'ils puissent pénétrer la barrière.

Le Manoir historique Aldridge

Le Manoir historique Aldridge est le seul bâtiment du 19ème siècle de New York préservé autant à l'intérieur qu'à l'extérieur. L'énorme manoir a été méticuleusement entretenu et préservé exactement tel que son riche propriétaire, Sir Aldridge, l'avait laissé.

Le manoir accueille une incroyable bibliothèque sur deux étages, remplie de livres d'origine ainsi que de magnifiques œuvres d'art ayant appartenu à la famille Aldridge. Les visiteurs peuvent également venir admirer de sublimes robes et costumes cousus avec le plus grand soin, provenant des armoires de la famille Aldridge.

Dans le salon, vous pouvez prendre une pause café, installés au même endroit que Sir et Lady Aldridge du temps où ils accueillaient de nombreux et riches visiteurs, dont certains artistes et écrivains brillants de leur génération.

La **cave abrite** un atroce **fantôme.**

Gertrude
Apparition de type IV

Gertrude Aldridge, la fille aînée de Sir Aldridge, fut le premier fantôme auquel dut faire face la toute jeune équipe de SOS Fantômes.

On raconte qu'une nuit horrible, Gertrude assassina tous les serviteurs de la famille Aldridge dans leur sommeil. Sa famille aurait du dénoncer Gertrude à la police, mais plutôt que de s'y résoudre, son père l'enferma dans la cave. Des années plus tard, le nouveau propriétaire décida de sceller pour de bon la porte de la cave après avoir entendu, à plusieurs reprises, d'étranges bruits en provenance de la pièce. Le fantôme de Gertrude continuait-il de hanter la cave ?

Pendant de nombreuses années, les guides faisant visiter le manoir racontèrent cette légende aux touristes pour leur faire peur. Mais il s'avéra que cette histoire était bel et bien réelle. Gertrude hantait le manoir depuis tout ce temps, prenant la forme d'une apparition de type IV et déployant tous les signaux habituels : phénomène d'AP-xH, résidu ectoplasmique, et niveaux élevés de PKE.

Erin tenta d'établir un contact amical avec l'esprit, mais l'apparition l'~~a électroprojetée.~~

ENGLUÉE

Station de métro de Seward Street

Comme vous le savez déjà, avant de rejoindre l'équipe de SOS Fantômes, Patty travaillait pour le métro new-yorkais, dans une cabine située à la station de Seward Street. Grâce à ses connaissances approfondies sur l'histoire de la ville, Patty savait que la station avait été construite juste en dessous de l'ancienne prison de York, la première prison de New York à réaliser des exécutions par chaise électrique. Elle avait toujours eu l'impression que quelque chose de bizarre se passait là.

Patty contacta SOS Fantômes après avoir rencontré un fantôme dans la station.

Sparky

Entité semi-ancrée de type IV

On en sait peu sur Sparky, l'entité de type IV rencontrée par SOS Fantômes à la station de Seward Street. Il avait la forme d'un homme grand, mince et pâle, aux yeux jaunes et portait un vieil uniforme de détenu.

Nous vous avons déjà expliqué que l'une des machines de Rowan a été retrouvée sur les lieux de l'enquête. Ceci explique donc pourquoi Sparky était bien plus ionisé que Gertrude, l'entité déjà rencontrée par SOS Fantômes. La puissance décuplée de Sparky a bien failli venir à bout du prototype de caisson à protons d'Holtzmann.

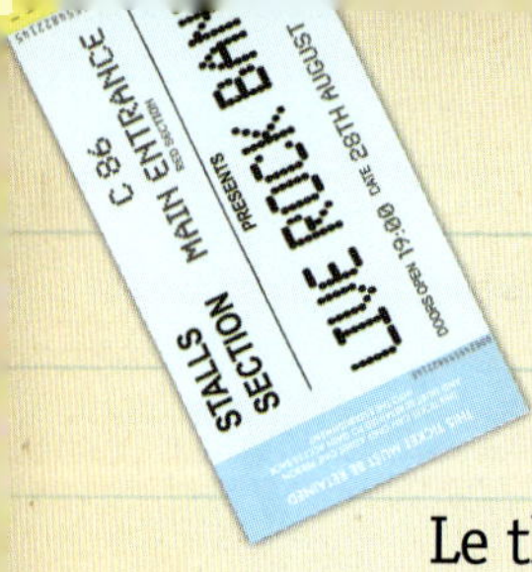

Dans les coulisses du Théâtre Stonebrook

Le théâtre Stonebrook organise une variété de concerts tous les ans, dont une compétition musicale entre plusieurs groupes. Un réseau de couloirs situés sous le théâtre permet aux personnes de circuler entre les vestiaires, les salles de costumes et les autres espaces de rangement.

Jonathan, le directeur, n'avait jamais assisté à quoi que ce soit d'étrange dans le théâtre, mais après que Rowan y eut installé l'un de ses appareils, la situation prit une mauvaise tournure.

Une nuit, une entité sortit soudainement d'un conduit d'aération situé dans le mur pour se jeter sur Fernando, le gardien. « Personne ne devrait avoir à faire face à ce genre d'être maléfique » dit Jonathan avant de souhaiter bonne chance aux chasseuses de fantômes venues pour tenter de l'attraper.

Mayhem
Vapeur de type III

C'est en passant au peigne fin le théâtre Stonebrook que les chasseuses de fantômes rencontrèrent la vapeur de type III nommée Mayhem. L'entité avait pris possession d'un mannequin qui se trouvait dans l'une des pièces de rangement et s'en servit pour attaquer Patty. Bien que cette rencontre fut terrifiante, elle permit à Abby d'appuyer ses théories concernant l'incarnation totale par transfert.

Une fois le mannequin détruit à l'aide d'une attaque de protons, le fantôme décida de s'en prendre à un groupe sur la scène. Quatre effluves de protons furent nécessaires pour attraper l'entité et l'enfermer dans le nouveau piège à fantômes de Holtzmann.

Malheureusement, Erin laissa le fantôme s'échapper peu de temps après, et il n'a jamais été revu depuis.

MERCI, ERIN.

Rowan

Quand il était en vie, Rowan était un physicien talentueux ayant suivi de hautes études à Stanford et MIT. On ignore ce qui l'a poussé à utiliser ses talents à des fins maléfiques, mais nul doute qu'il nourrit une profonde rancœur envers les êtres humains.

Rowan se fit embaucher en tant que gardien à l'hôtel Mercado, une auberge historique située en plein cœur de New York qui de plus, se trouve à l'intersection entre plusieurs lignes énergétiques très puissantes. Comme vous l'expliquerait Patty, les lignes sont à l'origine d'étranges phénomènes ayant eu lieu dans les années 1600, avant même que la ville ne soit construite.

Grâce à ses connaissances approfondies en physique de la densité à haute énergie, Rowan put créer les appareils cités auparavant afin de charger les lignes énergétiques. Sous l'hôtel Mercado, il construisit un appareil capable d'utiliser toute l'énergie générée afin de briser la barrière entre le monde des vivants et celui des morts.

Rowan le Destructeur

Métaspectre de type VII

Alors même que Rowan venait de finir de charger son appareil, les chasseuses de fantômes découvrirent son repaire en se servant d'une carte représentant les lignes énergétiques. Mais alors que Rowan était pris au piège, il s'électrocuta. La première réaction des chasseuses de fantômes fut bien évidemment la surprise, jusqu'à ce que Erin comprenne que tout cela faisait partie du plan de Rowan : pour guider les fantômes, il devait d'abord en devenir un lui-même.

Désormais débarassé de son corps, Rowan pouvait activer sa machine et briser la barrière. Une nuée de fantômes s'échappa alors de l'hôtel Mercado, et malgré les multiples tentatives de l'armée et de la police pour contenir la menace, le projet de destruction de la ville de Rowan était en train d'aboutir.

En tant que fantôme, Rowan possédait des pouvoirs que seuls des métaspectres de type VII avaient. Il était capable de contrôler les forces de la police et de l'armée, les forçant même à danser avant de les immobiliser. Rowan prit également possession de deux personnes (Abby et Kevin) et était même capable de changer son apparence en tant que fantôme.

Au final, Rowan était bien trop puissant pour être vaincu. Les chasseuses de fantômes n'eurent d'autre choix que d'inverser le flux du portail à fantômes, et de les aspirer à nouveau vers le monde des morts avant de sceller la barrière une fois de plus.

Bouffe-Tout
Type V

Bouffe-Tout est une vapeur de type V particulièrement tenace qui prend la forme d'une entité assez grotesque faite d'ectoplasme. Au cours de la bataille contre Rowan le Destructeur, Bouffe-Tout vola l'Ecto-1 et partit en vadrouille dans la ville, faisant monter à bord de nombreux autres fantômes (y compris apparemment une Bouffe-Tout femelle) qu'il croisait sur sa route.

Les chasseuses de fantômes réussirent à le piéger en lui faisant conduire l'Ecto-1 droit dans le portail à fantômes. La voiture étant remplie de réservoirs à charge négative, le soudain surplus de puissance provoqua la fermeture du portail et avec elle, que Bouffe-Tout se retrouve bien heureusement, de l'autre côté.

Bibendum Chamallow
Type VI

SOS Fantômes rencontra également un autre groupe de fantômes durant la bataille : une étrange parade des années 1920. La parade fit office de distraction pour de nombreux fantômes, et ainsi évita que de plus gros dégâts soient causés dans la ville. Les ballons de la parade étaient en fait des fantômes qui se jetaient droit sur les chasseuses de fantômes dès qu'ils les repéraient.

Un des ballons, une entité de type VI, avait pris la forme de Bibendum Chamallow et n'appartenait de toute évidence pas à la bonne époque.

En d'autres termes, le fantôme appartenait à une époque différente.

Les chasseuses de fantômes essayèrent de l'attaquer à l'aide de leurs packs à protons, mais se retrouvèrent écrasées au sol. Heureusement, Erin arriva sur les lieux, elle réussit à crever le ballon et à éliminer l'entité.

Être possédé par un fantôme

Une possession spectrale (ou fantomatique) désigne un phénomène au cours duquel un fantôme prend le contrôle de quelque chose appartenant au monde des vivants. Il peut s'agir d'une personne, d'un animal, ou même d'un objet.

La possession spectrale est un phénomène à surveiller de près lorsque vous êtes sur le terrain. Même les meilleurs d'entre nous, par exemple Abby et Kevin, ont déjà été victimes d'une telle possession. Si vous craignez que l'un de vos coéquipiers ou vous-même ayez été possédés, vérifiez tout de suite la présence de résidu ectoplasmique au niveau du nez, des oreilles ou de la bouche.

Faire sortir un esprit d'un objet possédé est assez simple : un tir de protons suffit généralement.

Assurez-vous simplement que vos coéquipiers sont prêts à piéger le fantôme une fois expulsé.

Cependant, NE JAMAIS utiliser cette stratégie dans le cas d'une personne ou d'un animal possédé. Dans ce cas de figure, mieux vaut encercler la personne possédée. Si le fantôme ne quitte pas immédiatement le corps de sa victime, essayez de secouer la personne, ou dans les cas les plus sévères, giflez la personne. En règle générale, l'esprit libèrera la victime de son emprise dès lors qu'il réalisera qu'il n'a plus aucun autre moyen de s'enfuir.

MERCADO

Codes de conduite et avantages

Faire profil bas

En tant que chasseur de fantômes, il est crucial de ne pas trop attirer l'attention du public. Nous travaillons régulièrement en collaboration avec plusieurs agences gouvernementales régionales, nationales et fédérales afin de défendre la population, mais ils préfèrent que notre collaboration reste discrète.

C'est pour ça qu'on conduit un corbillard avec une sirène non autorisée.

C'est la raison pour laquelle nous n'utilisons les sirènes et gyrophares de l'Ecto-1 qu'en cas d'absolue nécessité, et c'est aussi pour cela que nous vous demandons de conserver précieusement ce guide. De nombreuses personnes ne sont pas prêtes à croire qu'il existe des phénomènes paranormaux, elles ne peuvent tout simplement pas concevoir que ce soit possible. Qui plus est, les menaces auxquelles nous devons faire face sont particulièrement effrayantes pour Monsieur et Madame Tout-Le-Monde. Le citoyen moyen n'a pas besoin de connaître tous les dangers auxquels il peut être exposé.

ATTENTION
RESTEZ EN RETRAIT D'AU MOINS 150 M
PAS RESPONSABLES DES DOMMAGES

Les inconvénients d'être célèbres

Maintenant que vous avez lu les pages précédentes, vous vous demandez peut-être si les chasseurs de fantômes reçoivent une quelconque reconnaissance pour leur dur travail. Pour faire court, disons que non. Une grande partie de la population pense que nous ne sommes que des arnaqueurs, mais si ces gens se retrouvaient face à face avec un phénomène paranormal, ils feraient appel à nous, n'ayez aucun doute là-dessus.

Pendant longtemps, ce manque de reconnaissance dérangeait vraiment Erin. Elle appréciait la forme de respect auquel elle avait droit en tant que scientifique traditionnelle et eut beaucoup de mal à accepter que son nom soit roulé dans la boue après la création de SOS Fantômes. Heureusement, Abby trouva les bons mots pour la rassurer :

« Tu crois que ça a toujours été facile pour moi de consacrer ma vie à tout ça ? Depuis l'âge de quatre ans, tout le monde dit que je suis bizarre et je déteste ça. Mais je reste concentrée sur ce qui compte vraiment. On a découvert un tas de nouvelles choses. J'ai l'opportunité de travailler avec mes amies. Je trouve que j'ai plutôt de la chance. »

Ces mots touchèrent Erin en plein cœur et depuis ce jour, elle n'a plus jamais regretté ses choix. De bien des façons, être chasseur de fantôme et faire ce que nous faisons est une récompense en soi. Ceci dit, il y a quand même de très bons côtés à faire ce que nous faisons.

Les canulars

Bien que la chasse aux fantômes soit plutôt amusante, Erin souhaite rappeler que les canulars doivent rester aussi rares que possible, et n'impliquer aucune conséquence mortelle.

Parmi les canulars inacceptables :

- Péter dans un dispositif d'enregistrement et essayer de faire passer l'enregistrement pour celui d'un EVP (phénomène vocal électronique - voix de fantôme).

- Vous déguiser pour faire peur à l'un de vos coéquipiers sur le terrain.

- Accélérer à plusieurs reprises, juste assez pour que l'un de vos coéquipiers ne puisse pas monter à bord de l'Ecto-1 lors d'une mission.

Il est rappelé aux nouvelles recrues qu'aider qui que ce soit à organiser l'un de ces canulars sera puni de la même manière que s'il avait exécuté ledit canular.

Les repas offerts

Si vous ne pouvez pas prendre de pause déjeuner, ou si vous devez travailler tard pour terminer un projet, n'hésitez pas à appeler le numéro 555-0128 et à commander un repas à nos frais. C'est le numéro de téléphone du restaurant chinois au-dessus duquel nous avions installé notre QG.

Il fut un temps où Abby livrait un combat féroce et permanent avec le restaurant et leur livreur, Benny.

Abby ne recevait jamais plus d'un wonton avec sa soupe. On ne peut pas vraiment dire que c'était un repas copieux. Et bien que nous étions juste au-dessus du restaurant, Benny prenait parfois plus d'une heure à nous livrer.

Mais après que New York fut sauvée par SOS Fantômes, Benny était si reconnaissant qu'il réussit à convaincre le restaurant de remplir sa soupe de wontons. À ce jour, nous bénéficions d'une réduction au restaurant, sans oublier la livraison ultra-rapide. Alors faites-vous plaisir et commandez ce que vous voulez.

A Glimpse into the Unknown

Erin et Abby ont publié un nouveau livre où elles partagent les résultats de leurs recherches sur le terrain avant et pendant la bataille contre Rowan le Destructeur :

A Glimpse into the Unknown: A Journey into a Portal; Catching Sight of the Other Dimension: Discovering the Undiscoverable: A Curiosity Piqued and Peaked

Bien entendu, les chapitres les plus passionnants sont ceux où Erin et Abby parlent de ce qui leur est arrivé lorsqu'elles ont traversé le portail à fantômes, peu de temps avant que Bouffe-Tout en fasse autant avec l'Ecto-1. À la grande surprise de Patty et de Holtzmann, les deux scientifiques en sont ressorties avec les cheveux blancs...

Mais nous n'en dirons pas plus... N'oubliez pas de passer voir Kevin pour récupérer votre exemplaire du livre dans la bibliothèque de SOS Fantômes.

Les chasseurs de fantômes d'aujourd'hui

À ce jour, SOS Fantômes sont toujours là, tel un rappel aux fantômes, spectres et autres apparitions que quelqu'un est là pour défendre l'humanité.

Après notre triomphe face à Rowan le Destructeur, le bureau du maire a offert à SOS Fantômes une résidence permanente dans une ancienne caserne de pompiers convertie en magnifique loft. Ils nous encouragent à continuer nos recherches et à en partager les résultats avec le gouvernement afin de les aider à défendre la ville des phénomènes paranormaux.

Certains citoyens apprécient les actions de SOS Fantômes et croient au bien-fondé de ce que nous faisons, mais d'autres continuent malgré tout de se moquer de notre cause. Mieux vaut laisser ces pensées négatives et ces doutes de côté : les entités se nourrissent de cette énergie négative et vous risqueriez de mettre vos coéquipiers en danger.

Examen final

Maintenant que vous avez lu tout ce que vous devez savoir concernant notre histoire et nos procédures, il est temps de tester vos connaissances et de vérifier ce que vous avez retenu ! Une fois que vous aurez réussi ce test, vous trouverez votre certificat de Chasseur de fantômes honoraire à la fin du guide.

1. Un témoin signale un événement paranormal : ils ont rencontré une entité qui a brisé le câble d'un lustre et qui a failli écraser le témoin. De quel type d'interaction s'agit-il ?

a. Cool ! **b.** T1 **c.** T4

2. Vous rencontrez une apparition prenant une forme humaine distincte mais ne pouvez pas déterminer son identité. À quel type appartient cet esprit ?

a. Type III **b.** Type VI **c.** Type IV

3. Quelle stratégie adopteriez-vous face à une voiture possédée par un spectre ?

a. essayer d'établir un contact **b.** tir de protons **c.** appeler un mécanicien

4. Quel est le terme officiel pour « englué » ?

a. ectoprojeté **b.** ectocraché **c.** dégoûté

5. Quel acronyme utilisons-nous sur le terrain lorsque nous sommes à la recherche d'indices de phénomènes paranormaux ?

a. WAR **b.** MECHS **c.** PEACE

6. Quelle est la première chose à prendre en compte avant de choisir l'Ecto-2 plutôt que l'Ecto-1 pour partir en mission ?

a. la vitesse **b.** l'espace de rangement **c.** le look super cool

7. Lequel des outils suivants n'est pas utile en mission SOS Fantômes ?

a. un talkie-walkie **b.** un détecteur PKE **c.** des chaussons lapin

8. Lorsque vous enquêtez sur une apparition, laquelle de ces sources *n'est pas* fiable selon Patty ?

a. *Ghost Jumpers* **b.** *Ghosts from Our Past* **c.** les journaux

9. Avant de fonder SOS Fantômes, dans quelle université Erin était-elle sur le point d'être titularisée ?

a. Université de Columbia **b.** Université de Stanford **c.** MIT

10. Lorsque vous vous trouvez dans le labo, ne touchez à rien sauf si...

a. ça bourdonne **b.** Holzmann vous y autorise **c.** ça brille

RÉPONSES : 1.c 2.a 3.b 4.a 5.c 6.b 7.c 8.a 9.a 10.b

Certificat

Félicitations !

SOS Fantômes vous déclare officiellement

Chasseur de fantômes honoraire !

Vous avez lu les protocoles, consulté les dossiers de nos affaires, et effectué les recherches nécessaires pour prétendre à ce poste parmi nous.